우리,
때로는
그리움으로

우리, 때로는 그리움으로

초판인쇄 | 2024년 10월 2일 **지은이** | 인향동인 **펴낸이** | 김영태
펴낸곳 | 도서출판 한비CO **출판등록** | 2006년 1월 4일 제25100-2006-1호
주소 | 41967 대구시 중구 남산2동 938-8번지 미래빌딩 3층 301호
전화 | 053)252-0155 **팩스** | 053)252-0156 **홈페이지** | http://hanbimh.co.kr
이메일 | kyt4038@hanmail.net

ISBN 9791164871438

값 10,000원

*잘못된 책은 교환해 드립니다.
*저자와의 협의로 인지는 생략합니다.

우리,

때로는 그리움으로

인향동인문집

-목 차-

이주성

내고향 양남동_7 선택의 사유_9 황후의 만찬_10 베이비 붐 세대_11 詩 仙_12 인향이여_13 깊이 숨어버린_14 나를 위해 울지마세요_15 대이작도(섬)_16 청빈낙도_18 모래시계_19

오승환

인연_21 조각난 사랑_22 그리움_23 가슴에 모닥불_25 솟대_26 가을 여자_27 가을 남자_28 우리는_30 망각의 계절_31 가을 애상(愛想)_32

아 은

날마다 밤은 굴렁쇠를 굴리고_35 눈신토끼들의 밤_37 부고_39 그림자 아이_40 오독_42 혼자씨_43 절벽 끝에서 우리는_44 장마_46 공백을 짜는 시간_47 문을 열어줘_49

이유리

꽃이 지네_51 봄밤_52 코스모스_53 낙화_54 눈꽃(가곡 작시)_55 목련_56 오월의 밤_57 독백_58 야생화_59 양귀비꽃 (가곡 작시)_60

이봉우

그리움은 별빛 되어_62 그렇게 살아라_63 사랑_64 눈빛 끌림으로_65 노송_66 겨울밤(백석이 되어)_67 오소서_68 푸르게 빛나리_69 사랑하는 사람아_70 엄마 생각_72 2월의 노래_73

최정원

어머님의 꽃 수선화_75 소중한 사람_76 온정_77 너의 모습_78 그대여_79 인생_80 따뜻한 마음_81 염전_82 일장춘몽_83 아버지의 지게_84

김기월

서울역에 오면_86 다시, 봄_87 상봉 시외버스터미널_88 지나간 날은 모두 추억이 되고_89 초여름 꿈_90 바람이 들려주는 이야기_91 무심(無心)하게_92 풀빵_93 바람 분다고_94 새벽 가로수 길_95

김희영

할아버지와 벽시계_97 할머니와 무쇠솥_98 장미와 어머니_100 동행(부부)_101 카메라와 삼각대_102 그림내 아버지_104 자화상_106 호수에 가면_107 다시, 봄_108 삼남매의 안부편지_110

이혜수

널 닮은꽃_112 연어에게_113 삶이란_114 줄타기_115 감꽃별은 빛나고_116 인생은_117 눈처방전_118 제 2의 인생 이혜수_119 환생_120 가끔 나도_121

이도연

말의 실체는 소리가 없다_123 둥지를 떠난 새_124 망각의 섬으로 가는 길_125 목마름도 그리움인 거지_127 무아의 소리_129 물의 절명_131 바람의 여울목_132 변하지 않는 그 나무_133 부재에 부재를 더하다_135 산자들의 시간표_136

우리, 때로는 그리움으로

이주성

2014년(사)창작문학예술인협의회 대한문인협회 등단
대한문인협회 서울지회 정회원
인향시인협회 정회원.

내 고향 양남동

내 고향 양남동
어둠이 짙어진 골목
어린 시절 친구를 기억하며
옛 추억을 더듬어 걷는다

변함없는 거리 그 길
상가는 문을 닫고
드문드문 본능의 욕구를 채우는
선술집만 불을 환하게 밝히고 있다

허르슴한 맛집
옛 벗은 모여
주거니 받거니
거나히 취한 술
건강을 위한 소박한 절주도
발전을 도모하자는 말도 없이
오늘 밤 우린
추억은 술로 흘려보내고
안주는 밤을 밝히는 등불일 뿐이다.

모두 떠난 뒤
오목교를 걸으니
마음의 걱정을 알 듯
왼편 종아리 마비와 통증이 온다

혼자라는 두려움이 엄습하지만
가로등 빛은 안양천이 흘러 살아있음을 알리고
목동 입구 마천루 빌딩은
괴물 눈, 수백 개 조명으로 월교자를 노려본다

내 고향 양남동 나살던 집은
왜정시대 사택 그대로 형태건만
목동 메뚜기 잡고 미꾸라지 잡던 논밭은
거대한 빌딩들만 모여 양남동을 굽어보고 있다

오목교 서쪽 끝단에 멈춰
나 내고향 양남동을
오늘 밤은 이렇게 버리고 간다

"간다! 양남동아 잘살아라." 하며.

선택의 사유

나를 사랑 한 이여

그대는 절대 통화본위 황금보다
태양처럼 영원한 사랑을 원하지

보석 잔의 향기로운 와인보다
유리잔 샘물 건네기를 원하지

루이뷔통 익이가죽 백보나
내가 디자인한 비닐 백을 원하지

정복을 꿈꾸는 케사르 장군보다
지혜를 베푸는 솔로몬을 원하지

오 ~~~
만남부터
죽음까지
내가 당신을 사랑한 이유라오.

황후의 만찬

사랑아

저녁이 피로의 몸을 뉘일 때
만찬의 요리를 위해
기도하는 당신이여

사랑해도 닿을 수 없는
행인이 끊이지 않을 종로거리의
청동 종 울음보다 넓은 사랑의 기도여

병석에 누워 우울 한 날에도
봄비에 마음 젖던 날도
맑고 푸르던 당신의 기도

미완성의 영혼이
현관 문틈을 비집고 들어서
허기진 마음
허기진 배를
당신의 기도로 채우네

베이비 붐 세대

한땐 여기저기 줄 서서
년 천만 원은 거뜬하게
웃돈 준다 오라 했지

나비처럼 펴고 접고
휘파람 불며
이꽃 저꽃 맛보더니만

기름칠도 소용없나
날개 소리 삣끗삣끗

사오정
조기젓
명태젓 비명
줘도 안 받는 난장의 어물전 신세

추락한 날개는
고물 장터 못 가고
파릇파릇 이끼만 꼬인다

詩 仙

詩 仙아!
술잔을 놓지 마오

술 향기에 취해
연못 달빛
출렁거릴 뿐이네

가히, 酒 잔을 놓으니
벗 없이 가야 할
주막 없는 黃泉 길

달이 잔 되고
연못이 술독 되어
詩 仙을 도둑맞으니

제상에 詩와 酒를 어느 편에 놔야 할고

인향이여

인향이여
색 지우고
건 버리고
완장 떼고

순수를 위해
순수한 마음으로
순수를 권하며
순수도 보여라

겸손을 따르고
이웃을 존중하며
친목의 메아리로
시 나눔을 행하라

깊이 숨어버린

서슬서슬 이슬비 내리고
안개 퍼지는 고요한 밤
호르르 등잔불은 꺼져가고 있건만

떼어 놓을 수 없는 쌍꺼풀 내 눈에
발소리만 남기고 깊이 숨어버린 사람아
그대는 지금 어느 산야에 있는가

행여,
그리움에 지친 나처럼
어쩌다,
세상이 외로워져 지친 나처럼

배가 닿지 않는 섬에서
수평선 가르는 뱃고동 소리 들으며
눈에는 수정 구슬 가득 고여
등잔불에 내 이름을 태우고 있는가

나를 위해 울지마세요

내 사랑하는 이여 안개 가득한 새벽
멀리 떠나는 임의 뒷모습이
아주 작고 초라해 보여
슬픔이 밀려와도 울지 마세요

사랑이라는 언어와 표정으로
지면에 써 내려간 상처는 치유되나
사랑이라는 지울 수 없는 흉터가
잠 못 이른 새벽 커튼 사이로 어른거리나요

떠나는 사람 마음 아프지 않게
발코니 커튼 사이로 담담하게 보내세요
설마, 어젯밤 절교란 단어로 서로를 버렸어도
마음속에 이름을 간직한다면 이별은 없을 거예요

4월 봄비와 함께 벚꽃 시들면
5월 라일락꽃 장미꽃 피어
아름다움을 이어가듯
사랑도 계절처럼 피고 져 회귀합니다

내 사랑하는 이여
마르고 궂은 인생을 살며
사랑 후 이별이란 실연도 필요해요
좁은 커튼 사이로 울지 마세요.

대이작도(섬)

대이작도
그대는 아는가.

홀로 찾은 여행객 반기는
갈매기 떼의 행복한 웃음을

섬 굽이굽이
해안 산책 길 절정 아름다움을

출어 준비하는 어선의 물결에
삐그덕 소리는 만선의 기도임을

멀리 수평선
배와 배가 가로지르며 울리는
뱃고동 소통을

늦은 밤 물때 따라
바카지 잡고 소라 줍는
아낙네의 고된 삶을

새벽안개 처마에 맺혀 떨어지는
물방울의 고독을

선잠이 든 내 마음 흔드는

잠을 잊은 들고양이 울음을

세월 따라 모두 변하고 떠나도
여행객은 대이작도 놓지 않음을.

청빈낙도

뱅뱅4거리 텐프로야
떡쇠 인연을 자랑마라

외로움 지친 시객
그대 그리워도 엽전 몇잎

나와 종로 주점에 앉아
허기 달램이 어떠하리.

모래시계

가늘고 가는
저 허리
모래는
뒤집히고
엎어져도

굽힘없이
허리에
시간만 쌓는다.

우리, 때로는 그리움으로

오승환

2016 대한문학세계 신인문학상 수상,
「벼이삭」 등단

인연

옷깃 스치면 인연이라
애써 의미로 새겨놓고
기다림을 시작합니다

언제가 끝이 될지 모르겠지만
길고 긴 기다림이 되겠지요

그대 미소 지으면
나를 향한 마음인 양 가슴 떨고

마음 아파 슬퍼할 땐
내 잘못일까 가슴 찢겠지요

가까울 듯 가까운 듯 먼 당신을
인연이란 굴레로 역어 갑니다

조각난 사랑

애 타던 사랑 별이 되었나
슬프고 외롭다고
힘겹게도 반짝인다

싸늘한 밤 하늘에
작은 별 하나
잊혀진 사랑 애달파 운다

눈물 보다 행복했던
애타던 사랑은
이슬처럼 슬피 잠들고

이미 깨진 사랑은
조각난 모습으로 가슴에 박혀
별이 되어 아프게 반짝인다

그리움

살랑살랑
스치는 소슬바람에
무더운 땀방울 움츠러든다

긴 시간이 지났는데도
떡갈나무 그늘에 길쭉이 누워
추억의 여름날을 그리워하네

꼬맹이 때
동심을 넘기다 한 시간
얼굴도 모르는 순이 생각 한 시간
찬란한 꿈 두어 시각 그리다가

아차 하며
불이나케 꼴 짐을 지고
어두워진 비탈, 길
바쁘게 걷곤 했던 그 날

앞 냇가
벌거벗은 물놀이 동무야
순이 얘기로 시간 잊었던
꼴, 지게 친구야
지금 니네들이 보고 싶구나

돌담 위에 밭둑 위에
뒹구는 호박을
소쿠리에 가득가득 담고 싶구나

가슴에 모닥불

모닥불을 피우겠습니다
말라 비틀어진 삭정이를 모아
모닥불을 피우겠습니다

오돌오돌 떨고 있는
당신을 위해
흩어져 뒹구는 삭정이를 모아
모닥불을 피우겠습니다

파랗게 얼어 버린 하얀 볼
고드름처럼 얼어 곱은 가냘픈 손가락을
불꽃을 태워 녹여주고 싶습니다

떨고 있는 당신을 위해
가슴에 삭정이를 쌓고
모닥불을 피워
뜨거운 입술로 돌려놓겠습니다

솟대

무엇을 기다리고 있나

누구를 기다리는 걸까

오늘도 지친 기다림

먼 산 그림자
내 가까이 눕는데

임아!
목 뺀 기다림
오늘도 밤이슬 내리네

가을 여자

태양도 식어 노을 진 오후
연분홍 입술에
붉게 덧칠한 여인,

건들건들 다가온
갈색 바람을 따라
단풍 지는 숲길에 선 여인아,

우윳빛 얼굴은
한기를 느끼고
빛나던 눈가엔 주름이 졌네

움푹한 젖은 눈엔
쓸쓸함이 팔랑이며 떨어지는
낙엽처럼 슬퍼진다

외로움이 쌓이는 낙엽 길
빨간 입술 꼭 다문체
코트깃을 고쳐 세운 여자

바스락바스락
낙엽 밟는 소리에
외로움 삼키는 여인
당신은 가을 여자입니다

가을 남자

스치고 간 바람도
적시고 간 이슬도
간 곳 몰라 찾을 수 없고

자욱이 내리는 안개비
가슴 젖어 시려오네

매미보다 구슬픈
풀 벌래 우는소리에
새벽지기 별처럼
밤을 꼴딱 지새웠다

햇살 눈부셔 흐릿한 아침
초목도 나처럼 밤을 지샛는가

붉게 물드는 푸른 나뭇잎
산천을 물들이고

초야에 지친 이슬방울
남자 마음 노랗게 물들어 간다

가을은 이렇게 내려와
조용히 내 옆에 앉았네

곱게 물든 낙엽 하나 툭 떨어져
쓸쓸한 남자 가슴에 뒹굴며 간다

우리는

마주 보지 않아도
이미 가슴속 깊은 곳을
바라보고 있습니다

이름을 부르지 않아도
이미 옆에 있고,
우리라 말하지 않아도
이미 하나가 되었습니다

아프냐고 묻기 전
숨 멎도록 아파하고
슬프냐고 묻기 전
이미 눈물 흘리고 있습니다

사랑한다고 말하지 않아도
이미 미치도록
사랑하고 있습니다

망각의 계절

비바람에 꽃이 지고
잠들지 못하는 밤
떨어진 꽃잎을 세고 있다

기다리던 봄은 어느새
마른 언덕을 넘어
저만치 가고 있는데

아직도 봄을 알지 못하고
멀어지는 꽃잎에도
바보처럼 마중하지 못한다

꽃잎이 출렁일 때
두꺼운 외투로 눈을 가렸고
꽃향기 코를 찌를 때
질펀한 시궁창에 손을 담갔다

바람에 꽃잎 날린다
얼음이 녹은 차가운 물로 손을 씻고
마른 언덕을 숨 가쁘게 오른다.

가을 애상(愛想)

가을은
잊으라 하는데
잊을 수 있는게
하나도 없습니다

야리야리 가냘픈 꽃잎도
서리도록 붉은 잎새도
찬 서리에 떨어지는 낙엽도
잊을 수가 없습니다

겨울을 준비하는
다람쥐의 바쁜 걸음도
눈물이 왈칵 쏟아질 듯 파란 하늘도
바람에 밀려가는 구름까지
잊을 수 없습니다

가을은 잊으라 하는데
하나 둘 하얗게 물드는
머리카락 한올한올에도 가슴이 결결이 절여집니다

가을은 잊으라 잊으라 하는데
낙엽을 우수수 떨구던
요란한 바람소리마저
잊을 수가 없습니다

잊으라 잊으라 잊으라 하는데
단풍이 물들기 전
코스모스 꽃 길 따라
그렁그렁 걸어 간
그 발자국도 잊을 수 없습니다.

우리, 때로는 그리움으로

아 은

2022년 시와시학 신인상 등단
한남대 문예창작학과 대학원 석사 졸
한국작가회의 회원
대전작가회의 회원
대한민국여성미술대전 초대작가
대전미술협회 회원
개인전 4회
단체전 15회이상

날마다 밤은 굴렁쇠를 굴리고

이미 너는 밤의 행방을 알 수 없다고 했어 밤, 밤, 밤이 사라졌다고

밤이 있었니?
흰 나무 아래 밤의 흰 그림자가 있었어

선인장 가시에 찔린 손수건의 안부를 묻는 거라면서 우리의 낮은 먼 데 햇빛에 갇혀 졸고 있는 거라면서 밤, 밤, 밤을 이야기했지 긴…밤, 긴…밤 끝 상자에 담겨 어디론가 배달되었을지도 모를 밤

날마다 밤은 굴렁쇠를 굴리고 누군가 꺼내 빨랫줄에 널었을지도 모를 밤이었네
축축한 밤 곧 녹아내릴 눈사람 같은 밤

여름인데?
응 여름인데도

너는 공중식물에 매달려 점점 자라던 밤이 그립다고 했지, 짧은…여름 밤, 밤, 밤, 개어져 바구니에 담긴 밤이 아무렇지 않을 밤이었다고도 했지 너는 어디에 있을까 개미처럼 바닥을 기다가 유리컵 안에 발을 담그고 물고기처럼 살,고,싶,다, 밤은 꼬리가 긴 가오리였다가 장난감을 좋아하는 앵무새가

되기도 했잖아 밤, 밤, 밤이 사라졌다고

  너는 말하면서 사라지고
  나의 밤은 날마다 굴렁쇠를 굴리고
  앵무앵무 우는 너에게 나는
  밤이 아직인 거라고

눈신토끼들의 밤

눈이 계속 내리던 밤, 알래스카에 가자고 했다 늦은 밤이었고 눈신토끼가 있다고 했다 알래스카에는

온통 눈신토끼

우리는 배가 고파서 겨울밤, 굴을 파고 들어갔다 늦은 밤은 호기심이 많고 움직이는 걸 좋아해 눈더미가 움직이더라도 소리를 지르면 안 돼 허기가 추위 속에서 다시 추워도 목 없는 귀신이 돌아다녀도

불빛 하나 없는 흰 무덤, 당신의 등,
돌아보면 하얀 눈이었다

케이크를 주세요 딸기가 박힌 시나몬 가루가 뿌려진 녹지 않을 아이스크림은 더 좋아요 배고프면 당신을 먹을 수도 있어요
우리는 서로 잡아먹을 것처럼 굴을 파고 겨울밤 동굴 속으로 더 깊이 들어갔다

덧신 같은 커다란 발을 감추며 웃는 토끼는 목 없는 귀신보다 무서워 토끼도 배가 고파서 그런가 봐, 당신은 말했다

아무도 없는 척을 해야 해 짐작할 수 없어 짐작
을 감추면서
　흰 무덤 위로 눈이 자꾸만 쌓여가고

　이제는 스탠드를 켜야 할 시간
　눈이 계속 내렸다
　눈이 계속 내렸다
　허기처럼 그 겨울 내내 눈이 계속 내렸다

부고

　너는 횡단보도에 서 있다. 입술을 꽉 물고. 내일이 없는 것처럼 아스팔트는 뻗어 있다. 애초 아무것도 없었다는 듯. 정지선을 지키며 정지해 있는 동작들. 공중과 닿아 있는 크레인도 정지해 있다. 비는 내리고. 떠도는 너의 눈에 비의 중얼거림이 번지고 오후의 눈동자와 횡단보도 사이에는 속도가 있다.

　죽을 사람이 기어이 죽었다는 부고를 받았을 때 나는 하던 일을 마저 했다. 일상의 속도 바깥으로 비의 속도는 가늠할 수 없는 속도 왼쪽에서 오른쪽으로 이마에서 종아리로 빙글빙글. 눈동자는 비를 두드리고 있다.

　두드리다가 파란불이 켜지고 비닐우산을 쓴 여자가 건넌다. 앰뷸런스가 서 있고, 소나타가 서 있고, 결벽증처럼 신호등이 서 있다. 빨간 부고가 깜빡이고 있다. 오지 마, 비탈져 모든 게 쓰러질 것 같은 골목을 바라본다. 모든 것이 순조롭다. 순조롭다는 것은 눈곱 낀 얼굴로 너를 맞이하는 일, 어쩌면 죽음을 마주 하는 일, 초록색 부고가 다시 깜빡이고 있다. 어서 와, 너는 오후를 통째로 횡단보도 한가운데로 던진다. 전조등을 깨뜨리겠다는 듯.

그림자 아이[1]

모르는 길이다
모르는 길은 앞서가도 모른다
길이 나를 향해 미끄러지고

갯벌이었다

크고 작은 구멍이 떼 지어 다녔다
구멍에 빠지듯 해가 지고 새들이 불꽃처럼 날아올랐다 새들이 날아오르는 동안 나는 떨어지고 지나온 길이 새들과 부딪혀 바다 속으로 가라앉았다

갯벌에 빠진 한 쪽 발을 빼려 할수록 나는 내 안에 깊이 박히고

갯벌이었다

남아있는 발도 무수한 구멍이 잡아당겼다
어둠이 저 멀리 미끄러져 가는 배를 휘감아 소리를 질렀다 메아리는
닿지 않았다

구멍이 구멍을 삼켜 무너지는 구멍들

---

[1] 상처 입은 내면의 아이

구멍 밖의 나는
어제의 나에게 발이 걸린 듯 요동치는 칼바람의 머리를 쓰다듬었다

갯벌에 남아있던 내 구멍 속으로 들어갔다

오독

  너는 정지된 듯 벽지의 한 점을 응시한다 어둠은 선뜻 들지 못하고 창밖에서 기웃거린다 어디선가 들리는 고함소리에 놀란 방안의 묵묵함이 책장에 부딪쳤다 떨어진다 너의 숱한 지문에 책상 위 유리컵은 실금이 가고 질문처럼 회전하는 선풍기는 끝날 기미가 없다 책 한 권을 꺼내든 너는 생각의 껍질을 벗기듯 책장을 넘긴다 몇 페이지쯤 밑줄 쳐진 문장, 오독의 본질은 즐기는 거야 나를 즐겨줘 늘 새롭게 혹은 권태롭게. 낱말은 공중에 떠다녔다 알 수 없는 불안에 너는 어깨를 움츠린다 잠자던 바닥의 기하학적 무늬 위로 한 문장이 툭 떨어진다 펼쳐진 페이지를 접자 검은 글자들 위로 예기치 않은 장면이 튀어나올 것 같아 책을 덮는다 이안류 같은 어둠이 밀려들며 사람들의 소란스러움이 사라졌다

혼자씨

 상자 안에 그가 살아 구부정한 어깨 위 안락의자로 달이 앉아 있어 유리병에 담긴 몽당연필 같은 그는 미래를 부르며 혼잣말을 하지

 해가 안경에 걸려 있어 시간이 없어 먹물 같은 밤이 올 거야 텅 빈 밤

 어린 송아지 걸음으로 걷던 그는 커튼 앞에 섰어 상자에도 창문은 있어 판질인형 같은 창문 닫을 수 없는 마음이야 창 안으로 전등처럼 환한 이팝나무 꽃이 하얗게 하얗게 쏟아져 들어와

 그의 눈엔 나팔꽃이 자라 매일 자라고 매일 혼자인 초록잎 보라색 꽃이 뚝 뚝 떨어져 시계의 초침이 목 짧은 선풍기의 딸깍딸깍 소리가 그를 걷게 해 상자 안을 걸어 다니게 해 혼잣말을 하면서

 사라질 거야
 사라지고 말겠어

 그는 상자 안이 꽃으로 뒤덮이는 미래를 상상해 상자의 상상. 햇살이 눈부셔 눈을 뜰 수 없는 시간 이팝나무에 매달리는 하얀 덩굴의 시간 말이야

절벽 끝에서 우리는

떨어질 때가 있다
카모마일을 두 모금째 마시며 너는 사람 아닌 것을 생각하고

손금, 여름이 새겨진 컵, 뭉게구름, 아프리카, 지도에 없는 나라들, 섬, 섬 속의 암초

컴컴한 주머니 속을 걷다가 카페에서

컵 위에 컵을 그 위에 컵받침을 올리고 또 컵을
나무 위에 사람을
사람 위에 기분을
기분 위에 예감을
쌓다가

한쪽 방향으로만 소용돌이치는 어둠이 송곳니를 드러내면

소름 사이로 난 이빨 자국에
푸른 물이
뚝
뚝
떨어진다

나는 너의 살 속에서 사람 아닌 것을 생각하고
캄캄한 살에 손톱으로 시뻘건 길을 냈지

마크로스코가[2] 두 개의 색을 나눴던 그 길

아무도 들어오지 못하는 길

---

2) 추상표현주의의 대표적 예술가

장마

우기가 시작되었습니다 올해 우울은 평년보다 깁니다 허벅지까지 바지를 걷어 올린 아이들이 뛰어다닙니다 우물이 넘치지 않도록, 우울이 마르지 않도록 잘 챙기시고 행복한 하루 시작하세요

간밤 오래 앓은 나무의 그늘이 젖었다. 바람이 똬리를 틀자 헝클어진 나뭇가지가 혼자 흔들렸다. 허기 위에 허기가 겹친 내가 빛을 품고 가지에 웅크리고 앉자 총총히 들어와 열리는 별. 풍경이 사라졌다. 입에서 흘러나온 눅눅한 말이 사람들 사이를 적시다가 더부룩해지는 저녁, 살짝만 밀어도 저만큼 떠밀리는 마음을 서로 쓰다듬는다. 하늘이 바닥에 드러눕자 길이 할퀸다. 하루치의 마음을 밝혀 켤 수 없다

우리가 시작되었습니다 올해 우울은 이별보다 길며, 행복했나요 허벅지까지 바지를 걷어 올린 우리가 뛰어다닙니다

공백을 짜는 시간

바닥에 붉은 사다리를 만드는 저녁
당신이 아프다는 소식을 듣는다

손가락이 짓무르도록
아침은 멀고 긴 강처럼 깊어서

끊어질 듯 끊어지지 않는 실을 짓는다

실 사다리로 시간은 올라살 수 없고
눈을 감으면
가로등 아래 돌담 벽이 능소화를 상처처럼 매달고 있고

꽃과 꽃 사이는 사다리
당신은 거기에 있지, 생각하다가

눈을 뜨면 창백한 당신이
보이지 않게 않는
다시 새벽,

사다리들이 나의 손에 매달려 있다

올 거지?
사랑에도 철이 있대

아직 아픈 당신의 새벽
눈을 감았다 떴다
창문은 퀼트처럼
새벽빛을 질질 끌고

어째서 난

문을 열어줘

　공중에 떠 있는 방이야 탁자 한 개 의자 한 개 떠 있어 방 옆에 방이 그 옆에 또 다른 방, 방과 방 사이엔 말이 통하지 않아 벽지 위로 가느다란 틈이 유일한 흐름이야 이건 꿈이겠지 벽에는 산 채로 갈비뼈가 묶여 매달린 내가 유령처럼 있어 보이지 않으니 어둡지도 않은 하늘에서 갑자기 눈이 내려 이건 꿈속이겠지 흔적 속의 탁자 공중에서 지워지고 있는 의자 살얼음 같은 웃음들이 허공을 굴러 갈비뼈에 쌓이는 눈 꽁꽁 언 몸뚱어리 아래 하얀 두개골이 뼈가 풀처럼 자라 그래서 꿈이겠지 우리는 한때 서로 죽도록 미워했지 죽도록 그리워했지 그건 꿈이었겠지 여기는 비밀의 방 겹겹의 부스럭거림이 서로 부딪치는 시련의 방 내 발은 어디 있나요 발이 보이지 않아요 보이지 않으니 어둡지도 않은 하늘에서 무엇인가 떨어졌어 쿵! 그건 꿈도 모르겠지

우리, 때로는 그리움으로

이유리

2004 대한문학세계 시 부문 등단
*저서_개인시집 『나에게 너는』
*공저_『인터넷에 꽃피운 사랑 시』,『사랑 느낌』텃밭문학
회 시화집 다수,『인사동 시인들』
시는 노래가 되어(작사가협회 노래시집),외 다수가곡
눈꽃, 양귀비꽃 작시외 9곡

꽃이 지네

숨이 멎을 듯 달아오르다
끝내 하늘하늘 날리면
먹먹함이 가슴 저리다

어찌 황홀한 설렘만 있었으랴
그토록 붉은 사랑만 했으랴
상처 진 아픔도 있었으리.

눈시울 짖는다
서둘러가지 마라!

만남도 이별도 떨어지는 꽃
그렇게 잠시 슬퍼하자

봄밤

푸르고 싱싱한 봄날의 시선에
지난겨울은 유채꽃 들녘에 내려놓으리
그대 있어 행복한 날은
더 많이 사랑하지 못한 미안함 짙은데
슬픈 날들은 죄다 누워버린
봄밤의 저 평온함

아플 것이 또 있을 수 있나
창문 닫지 못하고
꽃잎처럼 떨리는 마음 위로
그대 향기만 흩뿌려지는 것을
설익은 봄
어둠마저 온통 그리움의 밭이다

코스모스

그대에게 닿을 수 있다면
한없이 흔들려도 아프지 않겠다

그대 앞에 설 수 있다면
하얀 얼굴 붉어지도록
울어도 슬프지 않겠다

바람에 들킬까
기만기민 몸짓으로 서무는 하루
키만큼 자라나는 그리움의 물결

아!
탐스럽게 익어가는
깊고도 푸른 가을, 가을날
구름이 되어 그대에게로 흐르고 싶다.

낙화

나는 알고 있었지
그리움만 만발하다
서둘러 떠나는 것을
다만, 손 흔들지 못했을 뿐인데

눈 뜰 수 없을 만큼
찬란했던 한순간
이미 널 훔쳐보았던 것을
다만, 마주 설 수 없었을 뿐인데

네게 주던 눈길
속수무책 젖어 들고
잎새들 자꾸만 짙어가는 밤
때 아닌 갈증에 이토록 목이 타는 것을

눈꽃 (가곡 작시)

꽃이 피네 꽃이 피네 그대 그리워서
그대 향한 그리움이 눈꽃 송이로 피어나네
사랑이 깊어 그리움이 깊어
저 꽃 눈물 되어 흐르는 날엔
사랑은 가지마다 가지마다
아름답게 아름답게 꽃피우리라

꽃이 피네 꽃이 피네 그대 보고파서
그대 향한 내 사랑이 눈꽃 송이로 쌓여가네
사랑이 깊어 내 사랑이 깊어
저 꽃 눈물 되어 흐르는 날엔
사랑은 가지마다 가지마다
눈부시게 눈부시게 꽃피우리라

목련

물오를 대로 오른 그리움
드디어 터졌구나
이제 그만하자

겨우내 가만가만 싹 틔운 사랑
아플 때도 되었을 터
이제 그만 잊자

놓을 줄도 알아야 한다고
버릴 줄도 알아야 한다고

바람에 날리는 어느 날
그리움으로 아픈 날이었다고
엉엉 울어도 좋을 고백만 하자

오월의 밤

뜨거움이다
핏빛 장미의 열정이
그대 사모하는 가슴이

그리움이다
신록을 품은 어둠이
두려움 없이 안겨오는 꽃향기가

끝없이 흔들리고도
生의 기쁨에 눈물이 나는
불 밝힌 가슴마다
그대의 이름으로 물들이고픈

오월의 밤은
고요함 마저도
아찔함에 눈멀게 한다

독백

꽃잎 지는 소리에
바람이 울었다
향기 나던 축제의 날은
기억에 묻고
사랑한다는 말은
꽃대에 걸어놓고

가끔은
쓸쓸함과 슬픔과 외로움이
숙명처럼 느껴진다고
또 한 번 울지도 모를 일이다

인연 따라 흘러간
그리움들은
영혼처럼 늙지도
시들지도 않으리라고 믿으면서

야생화

울지 마라
열흘 붉은 꽃 없다 하지 않느냐
화려한 장미도 순결한 목련도
짧은 생(生)에 눈물 뿌리니

울지 마라
가냘픈 몸짓, 은은한 향기
보이지 않아도 날리지 않아도
빈길 머무는 누군가는 있으리니

웃고 웃자
바람이 손짓하고
파란 하늘을 마주하지 않느냐
그 하나로도 잊히지 않는 의미인 것을

양귀비꽃 (가곡 작시)

그대 사랑함이어라
불타는 정열 깊은 고뇌
그것은 삼 일간의 사랑
그 뜨거움에 데여도 좋을

고뇌하지 않고는
어찌 산다는 일이
이처럼 설렘이고
멋진 일임을 알 수 있겠는가

그대 사랑함이어라
그리움에 뚝뚝 흘린
붉은 눈물
그대 있어 행복했다
말할 수 있으리니

그대 사랑함이어라
그리움에 뚝뚝 흘린
붉은 눈물
그대 있어 행복했다
말할 수 있으리다

우리, 때로는 그리움으로

이봉우

《대한문학세계》신인문학상으로 등단.
2018 서울시 스크린도어 시 공모 당선.
2018 짧은 시 짓기 금상.
한국문인협회 회원 대한문인협회 회원.
2020년 시집 『눈빛 끌림으로』 출간

그리움은 별빛 되어

바람마저 잠이 든 밤하늘에
푸른빛으로 반짝이는 별빛은
그대 그리워하는 내 눈빛입니다

사랑하는 그대여
별빛에 눈 맞춤해 주오
홀로 깨어
잠 못 이루며 밤을 지새웁니다

구름 가려도
눈보라 쳐도
그 너머에서 빛납니다
더 애타는 그리움으로

이슬 자라는 새벽이 찾아오면
그대 가슴에 스러지고 싶습니다

초롱초롱 반짝임은
그대 꿈속에서 만나고파
하얗게 밤을 지새우는
간절한 내 마음의 불빛입니다

그렇게 살아라

봄날같이 살아라

때 되면 찾아오고
다시 지나가리니

있는 대로
오는 대로 가는 대로
그렇게 살아라

피고 지는 꽃처럼
흘러가는 강물처럼

사랑

눈빛 끌림이

태풍의 눈으로

자라누군가에게로 한없이 불어 가는

마음의 바람

눈빛 끌림으로

눈빛 끌림으로
키운 사랑
그 사랑의 바다
설렘으로 자맥질했습니다

꽃구름 춤추는
마음의 동산
나풀나풀 오시도록
무지개다리 놓았습니다

그대 눈빛 속으로
파랑새 되어 날아
사랑의 집을 짓고

해맑은 눈동자
잔잔한 마음 호수에
진실의 노 저어
사랑항에 닻 내렸습니다

그대는 나의 등불
나는 그대 지팡이
눈빛 끌림으로 맺은 결실
우리는 영원한 동반자

노송

구순이 넘은 아버지
평생 함께 목욕한 적이 없어 몸 구석을 잘 모른다
속옷 갈아입는 것 도와드리는데 자꾸 주춤거리신다
비밀의 수목원 하나
아들에게 들키고 싶지 않은 걸까?

등 굽은 노송
앙상한 겨울나무 같은
철사로 만든 어느 작품 같은
오그라든 가슴팍
백로처럼 가느다란 허벅지와 다리
저 노구로 황혼의 길을 걸어가시는데
옷을 입으면서
기진한 숨소리 거푸 내시고
서너 번 침대에 주저앉으시는데
얼마나 센 바람이 가슴으로 불어갔을까
얼마나 거친 물살이 쓸고 지나갔을까

"아버지,
가슴과 다리의 근육은 다 어디로 갔어요?
.
.
.
몰라"

겨울밤(백석이 되어)

나타샤여!
하얀 융단을 밟고 오소서
홀로 소주를 마시며
사랑하는 연인을 기다리는 시인
한 잔 한 잔 또 한잔
외로움을 삼킨다
빈 병은 늘어가고
연인은 아니 오고
발길음 소릴까?
쌓이는 눈 소리에도
온 세포의 귀가 열린다
산골로 가 살자는 가난한 꿈은
닿을 수 없는 벼랑인가?
밤하늘로 고조곤히
보고 싶다는 말을 날려 보내지만
메아리 없어
시린 가슴에 폭설이 내린다
하얀 어둠이 가고
새날이 오면
가슴에 쌓인 눈으로
그대 닮은 눈사람 하나 만들리라

오소서

오소서
나비처럼 날아서
한 떨기 꽃을 피워 놓고 기다리겠습니다

오소서
치타처럼 질주하여
두 팔을 벌리고
가슴도 활짝 열고 기다리겠습니다

오소서
거북처럼 천천히
천년의 세월을 촛불로 밝혀 놓고
첫날처럼 기다리겠습니다

오소서
끝내 못 보고 가더라도
두 눈은 감지 않고 기다리겠습니다

느리든
빠르든
임 오신다면은

푸르게 빛나리

돌아보면 다 그리움
피었다 사라진 세월의 흔적

손 닿을 듯
그러나 닿을 수 없어
묵밭의 도편처럼 가슴 시리다

가시밭길 풍화되어
그리움 되있나

우리 머문 자리
얼마나 많은 꽃 피고 졌던가

훗날, 그 자리
밤하늘 별처럼 푸르게 빛나리

사랑하는 사람아

걸음이 이상하다
늘 앞이나 옆에서 걸었는데
오늘은 뒤에서 우연히 걷는 모습을 보았다
오른발을 절룩인다
무릎 아프다고 오래 병원 다니고
얼마 전 연골 주사를 맞았지

빅뱅 이후
한 줄기 빛으로, 한 톨의 먼지로
광활한 우주의 어느 모퉁이 떠돌다
기막힌 우연으로
아니면 필연의 숙명으로
꽃 같은 인연이 되어
함께 공전하고 쌍별로 자전하며
영원의 순간을 지나왔다
이제는 잔별로 남아

사랑하는 사람아!
한없이 미울 때도 없지는 않았으나
돌아서면 항상 후회는 가까웠고 원망은 멀었다
나보다 더 사랑한 별, 그 별빛

나는 언제나 그대의 눈빛 안에서 노래를 불렀고
그대는 내 노래에 맞춰 춤을 추었지

훗날, 초신성으로 폭발하여
본래로 돌아가 우주를 떠돌 텐데

우연인 듯 필연인 듯
또다시 만날 수 있지 않겠느냐
그때는 못다 한 사랑 이야기는 하지 말자
그리움만 이야기하자
아직 충분한 시간이 여기에 남아 있으니
빛으로 반짝이지 않느냐?

엄마 생각

가슴에 묻어 둔 서러운 이야기
부엌에서 도란도란
그 이야기를 듣노라면
청솔 연기에 눈 찔린 듯 눈물이 났습니다
나는 작은 모닥불 되어
엄마의 시린 가슴 녹이려 맞장구쳤지요
홀로 많이 울기도 했을
유복녀의 슬픈 운명은
한평생 철길처럼 이어지고
가지 많은 나무에 바람 잘 날 없었습니다
가신 지 근 삼십 년
어느 별에 계시온지요
백합을 좋아하신 당신 그리워
눈시울 붉히며 먼 하늘 바라봅니다

2월의 노래

입새라고 하자
희망이 솜사탕처럼 부풀지 않느냐
겨울인 듯 봄인 듯
봄인 듯하다가 다시 겨울이고
강이 바다와 만나는 그 언저리 같은
매운 듯 조금은 싱거운 듯
꽃물 캐는 나무들 안으로 분주하고
얼었던 땅 파랗게 기지개 켜는
봄맞이 공연의 마지막 리허설
작은 몸뚱어리 아장아장 걸어가는
징검다리 같은 달

우리, 때로는 그리움으로

최 정 원

(2017)대한 문학세계 신인문학상수상
(2016)열린 동해문학 신인문학상수상
(2020)서울 특별시의회 의장상
(2019)3·1절 100주년 기념 도전한국인 문화예술지도자
대상수상
(2023)문학광장 주최 황금찬 문학상 시 부문 대상 수상
(2021)문학신문 주최 윤동주 별문학상 수상
(2022)문학신문 주최 황금펜 문학상 수상
(2023)황진이 문화 예술상 금상 수상
(2021)림영창 문학상 수필부문 대상수상
한국 저작권협회 정회원
노벨문학 부회장

어머님의 꽃 수선화

어머님의
사랑으로 꽃이 피었습니다
메마른 담장 아래 노란 수선화
예쁘고 사랑스러운 꽃이 피었습니다

사랑으로 꽃피운 노란 수선화
아름다운 사랑의 꽃이었습니다
하늘의 뜻에 따라 먼 길 떠날지라도
이미 미음을 두고 가려

메마른 땅 위에 물을 뿌려 꽃을 심고
돌담길 아래 꽃을 피웠습니다
어미가 떠나고 없을지라도

생각나면 그곳에 오라고 꽃을 보라고
어머님은 노란 수선화꽃을 피웠습니다
사랑스러운 어머님의 꽃
나 지금 어머님의 꽃길을 걸으렵니다

소중한 사람

가는 길이 힘들어도
인생길이 고달파도

나만 믿어요
내가 있잖아요

내가 사랑해 줄게
내가 안아줄게요

나를 위해 태어난 사람아

살다 보면 미운 사람
고운사람 만나겠지요

내 손을 잡아요
마음을 열어요
용서해요 안아줄게요

나를 위해 태어난 사람아

온정

햇살이
온 누리에
따뜻함을 준다 해도

어찌
모든 곳이 따뜻하랴

추위에 헐벗고
음지에서 떨고 있는
이웃

고단한 인생
외면하지 않는
그런 삶이었으면

너의 모습

오늘도
하루해가 진다
볼 수 없는 너의 모습
하루에도
수십 번을 생각하고
너를 기다려본다

오지 않는 너의 소식
혹시나
혹시나 하고
기다려 보지만
하루해는
또다시 저물어 간다

어둠이 오면
그리움도
별빛에 잠이 들까
생각해 보지만
뚜렷이 떠오르는 건
보고 싶은
너의 모습뿐

그대여

아름다운 그대여
당신은 언제나 이슬처럼 맑고
꽃잎처럼 아름다웠소

파란 하늘을 바라보면
언제나 천사처럼 예쁜 모습으로
날 반겨 주시던 그대여

오늘도 두 손 꼭 잡고
다정하게 길을 걸어요
꽃바람 들꽃도 부러워할 거예요

사랑으로 채워주는 그대여
오늘도 어제도 꿈속에서
언제나 웃는 그대 모습

사랑합니다 사랑합니다
눈물 나게 사랑합니다
꿈속에서도 언제나

사랑합니다 사랑합니다
내 사랑 그대여 그대여

인생

산다는 것은
언제나
길고도 먼 여행

어느 날 문득
삶의 짐 내려놓고
떠나야 하는

순간이 온다면

사랑하고 미워하고
세상의
모든 인연과의 이별이
아픔이겠지만

어찌하랴

그것이
인생인 것을

따뜻한 마음

내 마음 가득
사랑과 행복이
넘쳐난다면

그
기쁨과 행복
당신과
함께하고 싶습니다

미워했던 사람도
증오했던 사람도
마음속 그늘까지도

따뜻한 온기와
포근한 사랑으로

그대를
꼭 안아드리고 싶습니다

염전

푸른 물결이
벌판 위에 누워
햇살 아래 일광욕을 한다

막혀버린 통로
가쁜 숨을 헐떡이며
하얗게 메말라간다

싸그락 싸그락
결점을 높여가는
신음소리

품었던 바람과 햇살
하얀 꽃이 되어
눈물마저 놓아주고

새 생명으로 잉태하며
죽어서 꽃이 되는
살기 위해 꽃이 되는

바다가 그리워질라

일장춘몽

피었다 지는 꽃이
아름답다 하여도
일 년을 견딜 수 있을까

세월 가면
그 아름답던 꽃들도
시들어 버리고

삶 또한
꽃과 같이
아름다운 시절이 지나고 나면

어느새
시들어버린 꽃잎처럼
처량하고 쓸쓸한 것을

창문 밖 회안의
시간을 회상하며
지난날을 소환해보지만

현실은 되돌아갈 수 없는
흔적들로 가득 채워진 채
인생의 파편들이 허공을 떠돈다

아버지의 지게

세월이 흐르고 변해도
떠오르는 당신의 모습
눈가에 내리는 이슬은
그리움이었을까
마음속 묻어 두었던
지난 얘기들을 되뇌이며
당신 곁에 서 있습니다
아무런 말씀도 없는 당신
삶과 죽음의 경계에서
꿈속에서나 다시 볼 수 있을까
당신이 그리워집니다
언제나 분신처럼 등 뒤에
붙어 있던 지게는
퇴색되버린 세월 속에
켜켜이 쌓인 먼지가
주인인 양 똬리를 틀고
뒤뜰 처마 밑 귀퉁이
주인을 잃은 채
우두커니 서 있습니다
당신의 뒷모습 보는 것 같아
마음이 아려옵니다

우리, 때로는 그리움으로

김기월

국제PEN한국본부 정회원
국제계관시인연합한국본부 정회원
사)한국다온문예 정회원
시집 『늘 처음이었어, 오늘처럼』

서울역에 오면

지나간 인연
이제는 오래된 인연 하나
우연히 스치듯 만날까
설렘 가득 안고 오는 곳
기차 안에서 옆자리에 앉는 사람이
문득 그 사람이길 그 사람이었으면
이별도 없는 덫
서울역에 오면
뭉게뭉게 그리움이 떠다니고
고드름 걸린 산사 어느 처마 밑처럼
숙연해지는 마음 붙잡아 기적을 바라며
단 한 번만이라도 우연히라도
그대를 만났으면

다시, 봄

꿈꾸듯 오네
사방에서 하얀 팝콘
톡 톡 터지듯

누구의 갈망이던가
수척해진 겨울 지나
꽃 피는 것을 허락한
바람이 풀어 놓는 사연은

보라, 저기 저 등선 위
등을 펴고 활짝 기지개를 켜는 것들
여기도 봄, 저기도 봄

상봉 시외버스터미널

새벽 첫차를 탄다
속초행 금강운수 버스

시외버스 첫차를 타는 사람에겐
누구든 사연이 있기 마련이지만
버스 운전을 하던 아버지가
가슴 시리게 보고 싶은 날
건물 사이 막다른 바람이 서럽게
등골을 파고드는 여명의 새벽
의지할 데 없는 마음은 벌써
미시령을 넘어 바다를 향했다

심장의 중력이 기울어
가슴에 눌린 것이 짐이 될 때
이제는 세월의 뒤안길 저편으로 사라진
아버지, 그 희미한 흔적을 찾아
강원 나 7028 금강운수 버스
새벽 첫차를 탄다

지나간 날은 모두 추억이 되고

라일락 향기 바람에 흩어져
너울너울 코 밑까지 와서
흔들리는 위태로움으로
바람을 주체하지 못한 채 속삭인다

그때도 바람은 불었고
구불구불 길을 따라서 왔고
산을 넘어 흔들거리며
몸속을 파고들어 홍역처럼 앓았다

긴 겨울에서 깨어난 내게
사정없이 제멋대로 파고들어
이렇게 아름다운 거라고
숫눈처럼 뿌려지던 그 날

계절도 놓쳐버린 삶에
참고 견딘 눈물은
물의 분수처럼 물구나무를 서고
생의 반란을 일으켰던 그 봄

산을 베고 누운 길 위에
라일락 향기 천지인데
땅 위와 하늘 골짜기마다 향기로운데
지금은 그 어디에도 없는
잠시 잠깐의 무지개였다. 너는.

초여름 꿈

생의 고독한 사유는 밤을 사모하고
삭히지 못한 밤은 별로 태어납니다

뒤척이던 어둠의 근성들이
쏟아져 내리면
적막의 소리가 밤을 태우다
시 꽃으로 피어나고

초여름 신열 앓는 소리에
시인의 밤은 영혼을 팔다
깨어나는 꿈이라지요

바람이 들려주는 이야기

햇살도 꽃잎 속에 숨은 오후
비가 오려나

문득, 떠오른 그림자에
뼛속까지 서글픔이 베이고

마디마디 울음 차오른 밤이
서걱서걱 달을 베어 물다
울음 울듯 토해내던

바람처럼 귓가에 들려오는
개골개골 울음소리

무심(無心) 하게

늙은 세탁기가 덜컹거린다
덜커덕 덜커덕 소달구지
흉내를 내면서 달린다

지친하루와 더 후즐그레한
뿌리처럼 박힌 사념과 상처를
틈틈이 비워내기 위해
탄력적으로 돌아간다

위로가 되어주는 것들을
하나씩 나열하듯
긴 빨래줄에 척척척 널은
빨래들이 두 손모아
합장하듯 무념보시를 한다

풀빵

가방 안에서 작은 봉지를 꺼내 든다
내 손에 쥐어 준 것은 작은 풀빵
어릴 적 동네 귀퉁이마다 있어
포장마차 빵틀에서 구워
꼬챙이로 툭 건져내면
하얀 김이 시야를 가르던
호호 불며 입안에 쏙 넣으면
팥이 툭툭 터져 입 안 가득
팥고물로 가득히던 그 밑
정이 뚝뚝 입안으로 떨어졌다

바람 분다고

바람 분다고 이곳까지 왔겠습니까
비틀거리다 툭 던져진 곳이 이곳일까요.
삶이 비틀거릴 때마다 지킬 것이 있어서
살아있는 것조차 슬픈 이유였지만
간절함으로 흔들렸고 그렇게 흔들리며
여기까지 왔겠지요. 길은 늘 여러 갈래를
향해 있었고 굳은 살 박힌 심장 고동은
둔탁하게 뛰면서도 제 자리를 잃지 않았고
지금 여기까지 오게 했습니다

바람 분다고 이곳까지 왔겠습니까.

새벽 가로수 길

방학역 3번 출구를 나선다
곧게 뻗은 새벽 가로수 길에
어둠이 빼곡히 나와 아무도
걷지 않은 새벽길에 서 있다

덜컹덜컹 지하철이 어깨너머
하늘을 나는 은하철도처럼 달리고
새벽 6시 20분 흔들흔들 걷는
발아래로 휘도는 바람
가을을 겨울로 데려가는
새벽 기침 소리가 나무에 걸린다

이른 새벽에 생각하는 한 가지
지금, 참 좋다
무성한 여름 지나 저절로 익어 떨리는
저 나뭇가지들 사이로 부는
내 생 맑게 씻어주는 아침 바람이

우리, 때로는 그리움으로

김 희 영

대한문학세계 시 수필 부문등단
창작문학예술인 협의회 이사
대한문인협회 정회원
텃밭문학회 이사

짧은 시 짓기 대상 수상
순우리말 시 짓기 대상 수상
한국문학인 대상(대한문인협회)수상
명인명시 특선시인선 9회 선정
동인지 아름다운 들꽃 외 다수

저서 『시간 속에 갇힌 여백』

할아버지와 벽시계

생성과 소멸을 가리키는
우리 집 가보 괘종시계
할아버지의 심장을 안고
오늘도 행군한다

시간에 삶을 저장하고
잃어버린 과거와
자애로운 대화를 나눈다

할아버지의 호통은
괘종으로 마음을 때리고
초침은 평온을 선물한다

쉼 없이 움직이는 소리
부지런한 손때를 안고 사는
할아버지의 심장 벽시계

할아버지의 어제와
나의 오늘이 공존하는
추억을 가슴에 남겨 놓는다.

할머니와 무쇠솥

마당 가장자리에
제자리처럼 자리 잡은 무쇠솥
반질반질 할머니의 정성이
솥뚜껑 위를 서성인다

뚜껑의 무거운 짓눌림은
고소한 밥 내음만으로 배부르다

봄맞이 나온 쑥
개떡이 되어 대청마루에 눕고
여름 뜨거운 햇살을 피해
땅속에 숨은 감자
밀가루 뒤집어쓴 수제비 되어
동내 한 바퀴 돌고

머리 무거움에 고개 숙이던 수수
배고픈 이의 웃음으로
피어나게 하는
후한 인심의 무쇠솥

가난과 씨름 하던
힘겨움 속에서도
나눔을 퍼내던 무쇠솥

배고픈 이들과 함께한
할머니의 마음으로
오늘도 나는 무쇠솥을 닦는다.

장미와 어머니

우리 집엔 담장이 없다
어머니의 권유로 돌담을 헐어 내고
오색 장미를 심었다

덩굴장미를 올려 아치형 대문을 만드니
마당과 대청마루와 뜰이 꽃 대궐이 되었다

유난히 장미를 좋아 하시는 어머니는
장독대 가장자리와 앞, 뒤뜰에도
여러 가지 색깔의 장미를 모둠으로
심어놓고 가꾸시면서 어머니의 얼굴은
빨간 장미꽃이 되었다

젊었을 때는 성정이 약간 까칠하셔도
아내의 매력은 톡톡 쏘는 가시라며
웃으시는 아버지 앞에 어머닌 열열한
사랑의 대상이었으리라

붉은 장미 같은 마음을 나누는 재미로
사시는 어머니 세월이 지나 얼굴에
주름이 가득해도 매력만은 여전하시다.

동행(부부)

비가 오는 봄날에
추적이는 빗소리만큼
끈끈한 동행이
거실에 마주 앉아 있다

지루한 일상이 술렁거린다
발동한 장난기
내기에 이기면 소원 들어주기
불타는 승부욕에 빗소리도 숨죽인다

치고 빠지는 지혜로움
배려하는 마음은
웃음의 작은 열쇠가 되고
듬성듬성 내려앉은 백발은
무색함에 등을 돌린다

맞붙은 승부욕이 절대적
능청 떠는 속임수에
웃음은 빗소리를 뚫고
담장을 넘어선다

비에 젖은 하루는
잔잔한 웃음과 동행하고
하루하루의 행복은
긴 여정 동행의 끈을
오늘도 한 가닥 이어 간다.

카메라와 삼각대

다가갈 수 없다
서 있을 수도 없다
네가 없는 나는
그저 흔들리는 초점일 뿐이다

어둠을 찍는다
찰나는 빛을 모으고
셔터의 오랜 기다림은
바르르 심장을 떨게 한다

혼자는 불안하고
둘이서는 흔들리고
셋이서 당당하게
웃고 있는 여유
세상을 향해
힘차게 외칠 수 있는 것은
하나 되는 셋의
따뜻한 체온 때문이다

야멸찬 세상에 버려진 삶을
세찬 비바람에 흔들리는 삶을
선명한 빛으로 랜즈에 담는다

홀로 살기엔 벅찬 세상

좌절 안에서
손잡아 주는 이 있어
힘찬 설렘으로 삶을 끌어안는다.

그림내 아버지

삶의 무게에
젊음은 굽은 허리로 빠져나가고
등골까지 파고든 아비의 무게는
사냥터에서 짓밟히고
하얀 윤슬처럼 머리카락으로 반짝거렸다

켜켜이 쌓인 고단함 마저
애오라지 술 한 잔에 담아두고
한 뉘를 아버지로 살아야 하는 사내의 삶은
가살날 나뭇잎처럼
샛바람에 날리어도
밝은 웃음을 가진 그린비였고
겨울날의 다온 햇살이었다

에움길 돌아갈까
가온길 잊을까
곰비임비 한 아이들 걱정하는 마음으로
너렁청하고 다복다복한 곳으로
이끌어 주셨다

삶의 고단함을 느낄 때 마다
다사샬 품속으로 파고들고픈
아직
가슴에 살아 계시는
그림내 아버지는 겨울날의 한 줄기 빛이었다.

* 우리말 해설

- 그림내: 내가 그리워하는 사람
- 윤슬: 햇빛이나 달빛이 비치어 반짝이는 모습
- 애오라지: 겨우, 오직
- 한뉘: 한평생.
- 가살날: 가을날.(출처: 월명사 제망매가)
- 샛바람: 동풍.
- 다온: 따사롭고 은은함.
- 에움길: 굽은길.
- 가온길: 정직하고 바른, 정 가운데.
- 곰비임비: 물건이 거듭 쌓이거나 일이 계속 일어남.
- 다사샬: 자애로운(출처: 충담사 안민가)
- 너렁청: 탁 트여서 시원스럽게 넓다.
- 다복다복: 풀이나 나무 따위가 여기저기 탐스럽게 소복한 모양.

자화상

바다를 품은 갈매기
소라 껍데기의 사연을 품고
높푸른 하늘로 비상한다

우유부단한 성격
인연의 고리 얽혀
파도에 내어 주고
갈매기에 파먹히고
빈 껍질뿐이다

질퍽한 갯벌을 헤집으며
파도에 휩쓸려도
갯바위에 올라 세상을 보는
끈질긴 희망을 찾고 있다

짠물에 절인 나의 생
바다를 그리워하며
짠맛 풍기는 모레에 묻힌
소라껍데기다.

호수에 가면

수면 위에 어리는
얼굴 하나
웃고 서 있다

그 옆에 아침이슬 머금은
꽃초롱도 날 보고
웃고 서 있다

가슴 한 가운데로
물수제비뜨던
휘파람이 지나간다

오랜 기다림을 위해
호수는 깊은 곳에
꽃씨를 내린다

호숫가에 가며
그리운 것들이
살아서 내게로 돌아온다.

다시, 봄

눈 덮인 강 밑으로
흐르는 물도
서산마루에 걸터앉은
찬란한 햇살도
어둠 속으로 빨려 들어가
꽃도 빛을 잃은 봄이다

소용돌이치는 소음
발버둥치는 시간에
하늘빛도 어둠으로 가려
대문을 꼭꼭 걸어 잠그고
창틈으로 싹이 트는 봄

그리움과 기다림 사이에서
희미하게 남겨진 흔적
콘크리트 벽에서도 꽃이 피어나듯
어둠속에서도 봄은 오고
달빛에 젖은 어둠도
봄빛으로 젖겠지요

찬란하게 시린 봄도
가난한 햇살 한 줄기에
꽃 피우는 봄이
멀지 않았다는 것을

비좁은 틈에서 피어나는
민들레꽃을 보며
깨닫습니다.

삼남매의 안부편지

우리 삼 남매는 서로
소식을 보냅니다
긴 문장으로 다정하게
안부를 전하는 막냇동생과
핵심 요점만 찔러
상황 전달을 잘하는
친정집 기둥인 남동생
연락상황은 별로 없고 좋아하는
시만 잔뜩 써서 보내는 나
각자 자기의 몫을 잘 담당합니다

주제는 어머니의 이야기이고
서로가 상황을 잘 알려주어
불편함이 없습니다

가을이 오면 아름다운 낙엽 따라
동해안으로 가자고
남동생이 제안하여
마음을 모으고
기차여행을 해보자고
어머니께도 편지를 드렸습니다.

우리, 때로는 그리움으로

이 혜 수

이혜수(본명:박세화)
전남 여수 출생. 시와시학으로 등단
시인, 포토그래퍼
시집 『자기 일찍 들어올거지』, 『널 닮은꽃』
tpghk700@naver.com
https://www.facebook.com/hyeasoo.lee

널 닮은꽃

어느 햇살 투망에도
걸리지 않는다

내 그리움의 연어 떼는

그걸 나는
널 닮은꽃이라
이름 부른다

연어에게

세상을 거슬러 오르는
너는 시간의 반역자

저 물살을 거슬러
강렬한 너의 몸짓이 대양을 가른다

고향 찾아가는 너 연어에게
나의 길을 묻는다

삶이란

한 찰나 후드득
쏟아져 내리는 여름날
소낙비

튕겨 오르는 물방울들을
붙잡으려는 희열의 몸부림
뼈아픈 윤회

줄타기

줄 위에서
만나고 헤어지는
줄타기 인생

오늘도 줄 위에서
화려한 목숨의
슬픔 반전을 읽는다

감꽃별은 빛나고

어스름 불빛 새벽
살망살망 뒤뜰로 돌아들면
어린 계집아이 단발머리에
노란 감꽃 한 송이 떨어져 내린다

어둠 내내 지상으로 내려온 감꽃들
저 홀로 가녀린 슬픔을 땅위에 풀어 놓는다

그리움이 얽히고설킨 슬픔덩어리들
하늘에 오르면 환한 별빛이 되는가

땅살내음 못 잊은 별들
땅에 내려오면 향기 짙은 감꽃 되는가

젖은 입술로 감꽃 삼키면
성큼 커버린 계집아이 눈에는 아롱아롱
허공중에 사분사분 감꽃 노을 진다

인생은

더 할 수도 뺄 수도 없는
한 줄 시다

눈처방전

정신없이 달려왔다
번호판까지 지워줬다
오늘은 휴식
눈이 보내준 처방전이다

제 2의 인생 이혜수

바람에 분분분 분칠로 무장을 한다
뽀얗게 새로운 출발을 한다
발그레,
제 2막 인생의 꽃이 활짝 피었다

환생

직립으로
묵언 수행한 고승
열반에 들자
그 자리에 사리꽃 피었다

가끔 나도

혼자이고 싶을 때가 있다

우리, 때로는 그리움으로

이도연

한국문인협회 인천문인협회 수필분과 정회원
국제 펜 인천지부 정회원
(사)창작문학예술인협회 정회원
인천광역시 객원기자
인천재능대 특임교수, 일학습병행 사외 위원역임
방송통신대 국어국문학사

저서
『시선 따라 떠나는 사계』(여행 에세에)
1권 『시와 깨달음』, 2권 『겨울로 가는 숲』
『흐르는 물』(시 산문집), 『이육사 수상집』(시)
『빛으로 염원으로 다산 정약용』(장편 소설)
『풍등 꽃으로 날다』(장편소설)

말의 실체는 소리가 없다

두서없이 튀어나온 말의 파편
쌓여가는 언어
문자는 언어를 고정하며 증거를 남기려 하지

바람처럼 떠도는 풍문은 증거 인멸을 시도하지만
앞뒤가 맞지 않는 말들은 서로 뒤엉켜
비유는 비유를 낳고
가설은 또 다른 억측으로 쏠려간다

고정된 언어는
실체화된 힘의 논리가 되고
한번 튀어나온 말들은
고삐가 풀린 망아지처럼 뛰어다닌다

이중 삼중 충돌을 일으켜
만신창이가 되기도 하고
사물에 작용해 부서지고 정신을 흔들어
소리 없는 파괴를 일으키기도 한다

어둠이 깔린 계단을 오르는 발소리
어둠 깊이에서
나직하게 울려 퍼진다.

소리 없이 떠다니는 풍문
계단 위를 오르는 침입자의 혀에서
예리한 어둠속 암살자의 칼날이 춤추고 있다.

둥지를 떠난 새

삶의 무게를 저울질하는 노역
블랙홀에 빠져
중력을 상실한 시대는 자유로워질까

물음표를 붙여도 숙제는 언제나 미완
육신의 무게는 중력으로부터 작용하는
물리학인 것은 무감각의 논리

중력으로부터 자유로워지는
푸른 별 그리워 날갯짓을 동경하던 새
시선 끝에 매달린 우수는 늘 외롭다

어디로 갈 것인가
날아가는 새는 방향을 정하지 않아
다만 중력을 거스르는 본능에 충실할 뿐

물 위를 떠다니는
부초 같은 생의 마침표를 찍으며
바람을 타는 연습을 하는 새여

사랑과 인연 사이 작용하는 중력
새파란 담배 연기가 중력을 거부하며
허공에 습하게 퍼진다.

망각의 섬으로 가는 길

고인 물이 발목을 적시고
목덜미를 움켜잡는 바람은 유령처럼 울었다
오래 묵은 감정이
음습한 이끼처럼 돋아난다

기억 저편 것들이
담쟁이처럼 기어올라 다가오고 있다
애꿎은 날씨를 원망하며
벌지리를 바라보며 심하게 입넛하는 누이는
붉게 상기된 얼굴을 밤하늘에 묻었다

주렁주렁 달린 가로등이
어두운 기억을 밝히고
어둠은 더욱 깊은 골목 속으로 고여간다

망각의 섬으로 가는 길
백색으로 탈색된 머리칼이 힘없이 흘러내리자
노인의 얼굴은
철없는 아이 표정을 지었다

고집불통의 아이는 비가 그칠 때까지
떼를 쓰며 울었어
영원히 살 것 같던 생명이
샛별이 질 때마다 하나둘 사라졌다

표를 든 승객은 줄을 서고
차례를 기다리는 시간은 빠르게 다가온다
빗물은 창을 두드리고 사람들은 물었어?
행복하냐고

섬으로 가는 문이 열리고 굳게 닫히자
핼쑥한 얼굴 위로
하얀 손이 겹치며 느릿한 동작으로
슬픈 이별을 고했다.

목마름도 그리움인 거지

누군가 안부가 그리워 길게 목을 늘였어
마을 어귀 당산나무에 눈이 걸리고 귀가 걸려도
소식이 없었지요

바람 불어도 안부를 물을 수 없었어
거칠게 지나가는 바람이 나무를 세차게 흔들어
어찌할 수 없었지요

오미히지 잃는 소식에 목매어
목울음 울어도
그곳에는 들리지 않은 까닭이지요

흐르는 눈물을 차곡차곡 쌓아 놓고
그리움이 느닷없이 들이닥치는 그때
한 방울씩 꺼내어 다시 울렵니다

소리쳐 불러보아도
메아리조차도 돌아올 줄 모르고
먼발치에 서성이며 가까이 다가서지 않습니다

내가 할 수 있는 일이라고는
나무를 흔들거나
아스라하게 보이는 길 끝에서 서성이며

하릴없이
지나가는 사람들 바라보거나
파랗게 멍든 하늘을
소리 없이 바라보며 멍 때리는 것이 다인 거지요

행여 생각나거들랑 혹여 기억에 남아 있거든
지나가는 실바람에 이름 한 줄 안부를 전해주세요
그리움은 목마름인가 봅니다.

무아의 소리

비가 오는 밤이면
귀를 닫아걸고 의식의 눈을 열어 놓는다
세상의 모든 소음이 잠들고
하늘과 땅 사이에
밀고 당기는 비의 소야곡이 세상을 지배하지

그러면, 그러면
오감을 열어 비의 노래를 잡아당긴다
무슨 소리가 들리는가
태고에 바다를 만들어 낸 시원의 빗줄기가
혈관을 타고 흐른다

육신은
망망대해 어둠의 바다에 떠 있는 노아의 방주가 되고
의식 끝에 머물던 적요의 공간에
빗소리를 가두어
세상의 모든 소리를 잠재운다

오직 그 속에서
빗소리의 빗장을 열어 낙하의 중력이 빚어내는
단조로움과 울림의 조화를 읽는다

투두둑 투둑 리듬을 탄다

물질의 파열음이 겹치고 나무를 흔드는 바람 소리
숨죽인 새들의 침묵
소리 없는 소리들
우주의 음계가 오선지를 적신다

비와 나
그리고 정적이 흐르는 공간
고립에 울고 고독에 목마른 영혼도 눈물을 흘린다
무슨 사연일까

그날 밤
밤비는 하염없이 내리고
아침이 오기까지
깊은 사색의 시간은 짧고도 길었다.

물의 절명

이름 모를 산골
뭇 새들 가느다란 목을 적시고
작은 짐승들 쉼터였을 가녀린 물줄기
깊은 계곡 발원하여 녹록지 않은 여정의 시작

산맥과 산줄기 돌아들어
태산을 휘감으며 힘차게 뻗어 내려가
기암절벽을 뛰어넘어
친둥 울음으로 폭포가 되었더니

천둥소리 숨죽이며
계곡물 흘러 다정한 시냇물 되어 흐르다
여울목 숨 고르기도 잠깐

유순한 물줄기 농가를 적시다
끊어질듯 이어지는 생명의 멀고 먼 고행
만나고 헤어지길 수천 번
기어이 만나고 겹쳐 강을 이루어
수만 리 세월을 흘러왔구나

늙은 강은 하류에서
끝내 장엄한 서사를 그리며
바다에 이르러 영원한 삶을 찾은
숭고한 물의 절명은 아름다웠다.

바람의 여울목

지루하거나 진부하거나
막연하게 또는 흔적 없이 빠르게 바람이 간다
어디서 불어오고 어디로 가는지
바람의 주소를 묻지 않는다

내 생의 이정표가 점차 희미해지는 순간
기억 저편에서
꽃이 피고 지고 버려진 시간처럼
헐렁한 바람이 불기도 했지

시간 속을 달리는 일정한 궤도 위에서
피고 지는 꽃들의 규칙은 정연해서
거역할 수 없는 섭리를 살았다

오래 묵은 시간의 나열
아름다워서 너무 슬픈 이야기
감정은 육체로 전이하고 생각은 멈출지 몰라
연민과 미련에 울었다

삶의 기억이 정지한 순간
바람도 잠자는 그곳은 행복한가요?
의미 없는 질문이 여울에 맴돈다
세상의 등들이 일제히 수면 위로 올라와
바람의 언덕에서 별이 되어 빛난다.

변하지 않는 그 나무

엄동의 계절 내내 옷을 벗어야 사는 신역은
고달픈 계절의 생존이다

햇살이 무르익어 가면
관절 마디마다 새살이 돋아나고
두터운 살갗을 뚫고 여린 속살이 허공에 뿌려지는
숨결을 들이마신다

가지가 돋아나고 이파리가 핀다
시난봄에 그랬던 것처럼 한 치의 오차도 없이
그 길에서 만난 풍경

며칠을 보냈는지 기억도 없건만 그 길에 그 나무가
꽃을 피운다
한 송이 두 송이 만발하던 그해 봄처럼

꽃향기에 취해 눈 감고 길을 걷다
문득 눈 뜨니 꽃이 지고
짙은 녹음이 길게 드리워 그림자를 만든다
뜨거운 폭염이 송곳처럼 꽂히던 여름날을 닮았다

꽃잎이 바람에 눈송이로 날리고
아름다운 꽃송이 아쉬워하니 송알송알 열매가
푸르다 노랗다 그리고 붉게 달린다
그늘에 흐르는 땀을 닦는가 싶으니 낙엽이 지고
나무는 다시 옷을 벗는다

그해 겨울도 벌거벗은 몸으로 흰 눈을 맞으며
나무는 깊은 잠이 들었다.

부재에 부재를 더하다

가늘게 울리는 벨 소리
허공을 가로지르며 미지 공간에 벽을 두드린다
일정한 간격의 정적이
오래 묵은 신호처럼 메말라가고 있다

검은 장막은 열리지 않고
희미하게 흩어지는 닿을 수 없는 미지의 영역은
들리지 않는다

긴 침묵 뒤에 들려오는 부재의 벽
넘을 수없는 묘령 여인의 기계적인 목소리가
송곳이 되어 메아리친다

끊고 누르고 다시 걸고 누르고
막연한 기대감 뒤 침묵
온갖 사념이 밀물 되어 다가서고

막연한 그리움
분노는 시름시름 앓아가는 근심이 된다
받을 수 없고 전할 수 없는 부재의 사연

낡은 잡지가 찢어지는
삭은 숨소리만
전화기 속에서 오래도록 맴돈다.

산자들의 시간표

검은 휘장 높게 드리워
만장 펄럭이는 날은
멀리 불어오는 바람을 맞이하는 일이다

바닷가 언저리나 들판에
솟대 높이 세워
날아가는 새들 배웅하며 기도하는 일인 거지

팔 길게 늘여
하늘 향해 손 흔들어 이별하고
길게 목울음으로 배웅하는 일인 거야

오랜 세월 기억이 까무룩 할 때까지
달력 넘기며
동그라미 그리는 걸 잊지 않는 일이야

세상 끝까지 따라갈 수 없어
서럽다 소리 높여
이름 부르는 날이 온 거지

빛바랜 사진 속 기억 더듬어
하나둘 지워져 갈 때
가끔은 눈시울 적시며 슬퍼하는 거야

이제는 멀어져 간 사람아

목 놓아 아련한 메아리 붙잡아도
빈손만 허공에 흩어지고

고운 옷 고이 접어
구름 둥실 꽃잎 밟고 가는 길
가신임 그리워